„Ich gebe Ihnen eine kleine Lebensweisheit mit auf den Weg."

Bruno Gröning (1906 - 1959)

BRUNO GRÖNING

# Ich gebe Ihnen eine kleine Lebensweisheit

BAND 3

zusammengestellt
von
Thomas Eich

Grete Häusler GmbH

Rheindahlener Straße 78 · 41189 Mönchengladbach
Tel.: +49-(0) 21 66/95 99-0 · Fax: +49-(0) 21 66/95 99-59
E-Mail: Info@gh-verlag.de · Internet: gh-verlag.de

Internet: bruno-groening.de

1. Auflage 2005



Gesamtherstellung:
Offizin Andersen Nexö Leipzig, 04442 Zwenkau

ISBN 3-933344-50-6

# Vorwort

Bruno Gröning – 1949 von der Presse als „Wunderdoktor von Herford" an die Weltöffentlichkeit gezerrt – hat seine Lehre nie schriftlich ausformuliert. Er hat keine theoretischen Aufsätze verfasst, kein intellektuelles Gedankengebäude errichtet. Er hat nur das, von dem er selbst überzeugt war, von dem er sich in seinem Leben überzeugt hatte, an die Menschen weitergegeben. Er sprach von Gott als dem größten Arzt aller Menschen, und seine Zuhörer wurden gesund. Er sagte, dass es kein Unheilbar gebe, und von den Ärzten bereits Totgesagte erlebten Heilung. Er wies darauf hin, dass zwar vieles nicht erklärt werden, aber nichts nicht geschehen könne, und während seiner Vorträge standen Lahme aus den Rollstühlen auf und Blinde konnten wieder sehen.

Bruno Gröning war ein einfacher Mann, ein Mann aus dem Volk. Er war kein Arzt, kein Studierter, kein Theoretiker. Und doch war es sein Wort, das die Krankheit bannte, das Schmerzen nahm und Leiden vertrieb. Es war sein Wort, von dem das ausging, was das Wunderbare bewirkte. Er sagte einmal: „Wie ich spreche, so geschieht es!“

Dies ist das dritte Büchlein unserer dreiteiligen Reihe mit Lebensweisheiten von Bruno Gröning. Es schöpft aus dem tiefgründigen Quell seiner Vorträge und Reden sowie einzelner seiner autobiografischen Notizen. Möge jeder Leser aus den Worten dieses ungewöhnlichen Mannes das schöpfen, was ihn zurückführt zu dem, zu dem wir alle gehören, zu Gott.

Thomas Eich

# Zum Geleit

Ich könnte auch Bücher schreiben. Warum soll ich das? Wenn ich Gelegenheit habe, meine Lehre in Form von Vorträgen zu verbreiten, ist dies doch viel eindringlicher. Dass meine Lehre einen guten Sinn und Zweck hat, ist doch dadurch erwiesen, dass durch sie viele Menschen auf den rechten Weg gelangten. Dies kommt dem Staat doch zugute, und es wird ihm kein Schaden zugefügt, sondern nur Nutzen gebracht.

Diese meine Lehre ist eine ausgesprochene Lebensweisheit, nach der schon viele meiner Freunde leben und damit Erfolg hatten. Durch Annahme dieser Lehre kam in ihnen eine vollständige Umstellung zustande, die sogar in vielen Fällen zu gesundheitlichem Erfolg führte. Es ist durchaus nicht erforderlich, dass ich zu meinem Freundeskreis spreche, sondern in vielen Fällen hat es sich erwiesen, dass auch Freunde in der Lage sind, meine Lehre so weiterzuverbreiten, dass sogar auch hierdurch große Erfolge zu verzeichnen waren.

Bruno Gröning

Meine aufklärenden Worte, die ich zu versammelten Hilfesuchenden sprach, waren von so einer starken Durchschlagskraft, dass es bei vielen Anwesenden, das heißt Hilfesuchenden, die bereits ärztlicherseits als unheilbar erklärt worden waren, zu Heilungen führte.

Ich folge dem, dem alle, aber auch alle Menschen zu folgen haben. Dem ich folge, ist und bleibt Gott allein.

Ich kann Sie, ich kann jeden Menschen zum Heil führen.

Ich schenke mein Leben allen Menschen dieser Erde und helfe ihnen, wo ich nur helfen kann, soweit sie bereit sind, meine Hilfe anzunehmen.

So ich das im Kleinen getan, so will ich das ab heute im Großen tun.

Ich kann helfen und dann jedem Menschen die Verbindung wiedergeben, die er wirklich nötig hat, die Verbindung zu Gott.

Gott gehört nicht zu uns – wir gehören zu Gott.

Die Natur, die Tiere, mich und die Menschen sah ich als ein göttliches Wesen auf dieser Erde, die ich auch göttlich empfand. Hierbei erhielt ich den Gedanken: Gott, und sagt so vor mich hin: „Gott, wie ist es doch gut bei Dir, hier will ich immer bleiben."

Darauf wurde mir klar, dass die Tiere sich auch der bösen Menschen wegen hier im Wald aufhalten.

Die Tiere haben plötzlich alle Scheu vor mir verloren, wurden sehr zutraulich, kamen zu mir, ließen sich streicheln. Ich sprach zu allen Tieren. Kurz, wir haben uns sehr gut verstanden, sie begleiteten mich durch den Wald, und wir wurden immer größere Freunde.

Zwischendurch erhielt ich öfters den Gedanken im Walde: Sind die Menschen nicht auch deine Freunde? Ja, warum laufe ich denn immer von den Menschen? Wieder eine Erkenntnis: Die Tiere fürchten das Böse in den Menschen, aber ich fürchte mich nicht, denn ich bin stärker als das Böse.

Es braucht niemand die Befürchtung zu haben, dass ich mir nicht zu helfen weiß oder einen Menschen fürchte. Ich fürchte nur Gott, sonst niemanden in der Welt.

Wieder kam ein Gedanke, als ich vor einem kranken Menschenkörper stand: Aus dem Körper einiger Tiere ist doch die Krankheit verschwunden, als ich leise vor mir sagte: „Liebes Tierlein, du wirst bald wieder einen gesunden Körper haben." Und so geschah es auch. Beim Menschen ist es doch nichts anderes. Als der Gedanke bei mir festlag, wurde der Körper des Menschen frei von allen Beschwerden.

So wurde ich laufend von Kranken direkt angezogen, denn in allen Wohnungen, wo ich plötzlich auftauchte, waren kranke Menschen, zu denen ich immer wieder nur sagte: „Du bist doch nicht mehr krank."

Jetzt ist es so weit, dass durch die Schule, die ich gegangen bin, dass ich auch ein wahrhaftig, guter Diener der Menschen sein kann.

Ich bin immer dort, wo Menschen sind, die meiner bedürfen.

Ich fordere auch kein Honorar, weil ich meinem inneren Auftrag folge – ich nenne es den „göttlichen Auftrag“. Liebesdienst ist gesetzlich nicht gebunden. Kann ich denn etwas dafür, dass ich von der Schöpfung mit andersartigen Kräften ausgestattet worden bin als die meisten anderen Menschen?

Ich kann gut verstehen, dass Menschen sich bisher immer nur dagegen gestellt haben, weil sie ja nicht geahnt und nicht haben wissen können, wie es möglich sei, dass Menschen wieder von dem bösen Krankheitsgeist befreit werden können.

Ich habe alles ertragen, um den Menschen zu helfen.

Sie ahnen nicht entfernt, was sich alles ereignet, wie man mich betrogen, hintergangen, falsch unterrichtet und irregeführt hat; man lockte mich in Situationen, um mich unter falschen Auslegungen unmöglich machen zu können. Man schreckte nicht vor dem Missbrauch, ja vor der Fälschung meines Namens zurück.

Dann sagt man hernach: „Gröning hat geheilt, und weil er Gutes getan hat, deswegen muss er bestraft werden!“

Jeder steht vor einer Frage: Wie ist das möglich, dass Gröning immer wieder von Menschen umgeben ist, die ihm so viel Schwierigkeiten bereiten? Kaum einer weiß, wie es zu diesen Schwierigkeiten gekommen ist und in Zukunft auch noch kommen kann.

Ich wusste wohl, dass nicht alle Menschen gut sind und mancher zeitweilig wie vom Teufel besessen ist – aber so viel Schmutz und Schlechtigkeit, wie mir damals entgegenschlug, habe ich denn doch nicht für möglich gehalten!

Ich wälze die Schuld nicht ab, ich kämpfe für Sie, und das kostet viel Zeit.

Ich habe schon von vornherein erkannt, was man alles hier anstellen wird, um mich kleinzukriegen. Bis heute ist es keinem Menschen geglückt. Die Wahrheit siegt.

Ich will das Zurückliegende begraben und will auch diesen Menschen nicht böse sein, denn diese Menschen sind dem Bösen verfallen. Sie können nichts dafür, denn der böse Mensch kommt von seinem Bösen nicht ab.

Mein Leben gehört schon lange nicht mir, dieses Leben habe ich Menschen geschenkt und habe dieses auch tatkräftig unter Beweis gestellt, dass ich vor dem Bösen nicht zurückgeschreckt bin.

Ich glaube an das hohe Gesetz der ausgleichenden Gerechtigkeit!

Sie wissen ja noch gar nicht, wer Gott ist, wie Gott ist und über wie viel Kräfte Er verfügt und was Er alles geschaffen.

Hier auf Erden wachsen und vermehren sich die Körper wie in einem großen Werk, und einer gleicht dem anderen, nichts ist im Körper vergessen.

Wenn der Mensch sich nur nicht zu sehr was einbilden würde, wenn er wenigstens zu dem wieder wird, wozu er bestimmt ist. Und dass er das Gebilde bleibt, so Gott ihn auch geschaffen. Und dass er das tut, was er zu tun hat.

Und so er, der Mensch, sich vom Bösen löst, so er gewillt ist, das Gute, das Göttliche in sich aufzunehmen, dann tut er recht, dann wird er das auch an sich selbst, am eigenen Körper empfinden.

Aber der Mensch weiß ja mit dem Leben nichts anzufangen, er weiß ja gar nicht, was Leben ist. Leben ist ja Gott. Liebe doch das Leben – Gott, Gott ist überall. Aber nütze es auch und vergeude es nicht.

Der Mensch verlebt das Leben, er erlebt es nicht mehr, nicht mal mehr an sich selbst, nicht mal mehr an seinem eigenen Körper.

Nun ist's aber Zeit, dass Sie jetzt Ihrem Körper Beachtung schenken!

Und da fühlen Sie nicht erst was, sondern wirklich das, was sich in Ihrem Körper zeigt. Das ist Wahrheit. Was nutzt all das Gerede, wenn Sie doch dabei nichts fühlen!

Wer durch die Schrottmühle gehen will, wer die Not und das Elend noch nicht kennt, der müsste es erst kennen lernen. Aber ich glaube, Sie haben einen Teil von diesem gekostet, und ich glaube auch sagen zu können, Sie wollen mit diesem Übel nichts gemein haben. Aber nun stehen Sie auch dazu!

Was ich Ihnen sage, ist weiter nichts als nur die Wahrheit.

Eines weiß ich, dass für Sie viel Gutes bereit liegt. Auch Ihr eigenes, auch das, was Sie verloren haben. Aber da müssen Sie den falsch gegangenen Weg zurückgehen, um das Gute wieder in Empfang zu nehmen, was zu Ihnen, zu Ihrem Körper gehört.

Und das ist das, was Menschen überhaupt getan, dass sie sich vom guten Weg gelöst durch Irreführung, durch Irreleitungen, dass sie vom guten Weg abgekommen sind, da haben sie das Gute nicht mitbekommen, da verblieb es.

Je weiter sie vom guten Weg abgegangen sind, je weiter müssen sie zurückgehen, um ihr Eigenes, das Gute, wieder in Empfang zu nehmen.

Ja, und das ist der Weg, den ich Sie wieder führe, Freunde, von dem Sie abgekommen sind, da ist Ihre Gesundheit zurückgeblieben, und da können Sie sie wieder in Empfang nehmen, so Sie auf diesem Weg bleiben. Gehen Sie von diesem Weg wieder ab, dann verlieren Sie wieder das Gute.

Ich lass mich nicht verlocken, auch nicht verleiten.

Ich bin nicht menschenhörig, ich bin weiter nichts als nur gotthörig. Ich tue nicht erst was, sondern ich tue nur das, was der Mensch nötig hat.

Ich gehe meinen Weg, wie ich meine Befehle erhalte. Es sind göttliche!

Gottes Befehle bestimmen meinen Weg.

Gott tut schon das Rechte. Gott hat schon alles bestimmt. Nur müssen Sie glauben.

Ja, liebe Freunde, wenn der Mensch nun alles wissen würde, wie Gott für ihn vorgesorgt hat, was Gott für uns alles getan!

Was haben Sie für Gott getan?

Gott schafft Tag und Nacht. Sie haben Ihre Ruhe.

Gott hat so viel für uns bestimmt, und der Mensch nimmt es nicht in sich auf.

Der Mensch quält sich lieber, er gibt sich lieber mit dem Bösen ab, er beschäftigt sich tagein, tagaus, er behandelt sogar das Böse. Statt dass der Mensch mal gotthörig wird und jetzt wirklich Gott folgt und sich wirklich von Gott führen lässt und auch das tut, was Gott für ihn bestimmt hat und was Gott ihm immer wieder sagt.

Natürlich muss er, der Mensch, sich dann zur Ruhe bewegen. Natürlich muss der Mensch da dann auf Einen hören, nicht nur auf Menschen. Nicht auf die vielen, von denen er umgeben ist, sondern auf Einen hören, zu dem auch er gehört. Und das ist und bleibt immer Gott.

Aber den Heilstrom aufnehmen müssen Sie, Sie müssen auf Gott hören und Sie müssen diese Seine Sendung, die Er für uns, für jeden Menschen, für jedes Lebewesen bestimmt hat, auch aufnehmen, wie die Ameise, wie jede Pflanze es tut, wie jedes Tier. Nur Menschen haben keine Zeit dafür.

Wenn einer sagt, er hat keine Zeit, so will ich Ihnen einen Menschen schildern, der sonst auch keine Zeit hat, der tagsüber schwere körperliche Arbeiten verrichten muss – Landarbeit. Sie beantwortet die Briefe, die ich ihr überlassen habe. Sie schafft es einfach. Warum? Sie tut doch Gutes, nicht nur für sich, sondern auch für ihre Mitmenschen. Und da bekommt sie so viel Kraft.

Und das ist so ein gutes Gefühl, dass man überhaupt helfen darf. Da kann man bitte nicht feige sein, und sagen Sie ja nicht, Sie haben keine Zeit!

Was würde sein, wenn ich sagen würde: „Ich hab' keine Zeit für Sie"? Na, was würde dann sein?

Es ist nicht meine Zeit, das ist die Zeit, die Gott für uns, für jedes Lebewesen bestimmt hat. Wir, liebe Freunde, müssen diese Zeit nur nützen.

Ich verbringe mein Leben so, wie ich es vor Gott und denen, die meine Hilfe erwarten, verantworten kann.

Für mich ist die Zeit nie zu lang, um Gutes zu tun. Wir können nicht über die Zeit bestimmen, sie nur nützen.

Sie wissen es am besten, dass mein Erdenleben für Sie bestimmt ist und dass ich Sie wirklich auch auf den guten Weg führen kann.

Ich bleibe nach wie vor der kleine Gröning. Ich mache manchmal auch meine Späßchen, natürlich nicht so oft, ganz selten, wenn ich gerade mal guter Laune bin. Dann bin ich auch mal Mensch und zeige, dass ich auch zu Ihnen gehöre. Das Zusammengehörigkeitsgefühl müssen wir ja nun haben.

Wenn Sie auch schon heute sich zu dem Wir zählen, dann ist´s gut, sind wir Gott zu großem Dank verpflichtet, indem wir uns zur Tat bewegen, indem wir das tun, was wir uns selbst und unseren Nächsten schuldig sind.

Aber sollte der Mensch nicht jetzt Umkehr halten, dass er seine Pflicht als göttliches Geschöpf tut, dass er alles jetzt in die Tat umsetzt, wo er sich einst nur in einen Glauben versetzte, sondern diesen muss er ja in die Tat umsetzen, er muss ja alles dazu tun!

Der Mensch hat Gott versprochen, jetzt immer ein guter Mensch zu sein. So er jetzt dazusteht, wird es bleiben. So er aber wieder dem Bösen verfällt, so er wieder auf das Böse hört, so er böse Gedanken in sich aufnimmt, so wird er nach und nach das Gute wirklich wieder verlieren.

Menschen kommen immer mehr zur Erkenntnis, und sie werden bald wahrnehmen, dass der Weg, den sie einst eingeschlagen hatten, doch nicht der richtige ist und dass sie jetzt aufgerufen werden, auf zur großen Umkehr, so dass sie den Weg so gehen können, wie dieser Weg nicht für einen, sondern für alle Lebewesen, vor allem auch für den Menschen, von Gott so bestimmt ist.

Sie können nie die Ordnung eines anderen in sich haben, sondern die eigene Ordnung, die für Sie bestimmt ist.

Aber der Mensch hat zu sich selbst ja noch nicht zurückgefunden.

Der Mensch soll zur Selbstbesinnung kommen, dass er weiß, dass er ein göttliches Geschöpf, ein göttliches Wesen ist und dass Gott selbst es ist, der ihm diesen einen, seinen Körper für ein Erdenleben verliehen hat! Das heißt, dass Gott uns hierher gesandt und dass Gott uns von dieser Seiner ganzen Pracht und Herrlichkeit nicht was, sondern das sagen und auch zeigen will!

Besinnen wir uns auf unser Hiersein, auf unser Erdenleben, besinnen wir uns auf unseren Körper, besinnen wir uns auf uns selbst, und da, liebe Freunde, werden Sie bald zur Selbsterkenntnis kommen.

Vertrauen und glauben Sie vorerst einmal an das, was Sie für sich selbst, für Ihren Körper, für Ihr eigenes Leben notwendig haben.

Ich will bei meinen Vorträgen nichts anderes erreichen, als das, dass meine Mitmenschen erkennen, dass es zu allererst an ihnen selbst liegt, in ihr Inneres Ordnung zu bringen.

Es geht, einfach gesagt, um Sie selbst. Es geht hier um jeden einzelnen Menschen, es geht hier um den wirklich wahren Glauben.

Es geht hier um den Glauben an Gott, und dieser beginnt erst, wenn der Mensch zur Selbstbesinnung kommt, so dass er weiß, was er für sich, was er für seinen Körper nötig hat.

Ich weiß, dass die meisten Menschen – ja, ich müsste sagen: fast alle Menschen – heute nicht mehr das Rechte von sich selbst wissen.

Heute weiß der Mensch nichts mehr von sich, er hat das Natürliche, das Göttliche beiseite gestellt, er hat sich selbst aufgegeben.

Der Mensch hat es nicht mehr für nötig befunden, seinem Körper Beachtung zu schenken. Er tat einfach nur das, was er von sich aus für richtig hielt, wie er es verstanden hat.

Nun beschränke ich mich auf eines, und das ist immer wieder nur das, dass der Mensch jetzt endlich einmal zur Selbstbesinnung kommt und dass er weiß, dass er ein göttliches Geschöpf, ein göttliches Wesen ist und dass Gott selbst es ist, der ihm diesen seinen Körper doch für ein Erdenleben verliehen hat.

Natürlich muss der Mensch auch hierdrauf bedacht sein, seinen Körper wirklich zu ernähren und ihm das zu geben, was Gott für ihn so bestimmt hat.

Gott hat uns hierher gesandt und Gott will uns von dieser Seiner ganzen Pracht und Herrlichkeit nicht was, sondern das sagen und auch zeigen.

Wir sind nun mal erdgebunden, erdgebunden durch diesen unseren Körper, und da ist es doch die erste Pflicht, die erste Aufgabe eines jeden Einzelnen, dass er diesem, seinem einzigen Körper Beachtung schenkt und dass er diesem seinem Körper auch das zukommen lässt, was Gott für ihn bestimmt hat.

Und so, liebe Freunde, haben auch Sie eine Pflicht, sich selbst von dem zu überzeugen, erst was Sie sind, wer Sie sind und dass Sie sich weiter davon von dem überzeugen, was Gott für Sie, für uns alle, für alle Lebewesen auf dieser Seiner Erde geschaffen hat. Das ist Ihre Pflicht.

Er hat die Pflicht und Schuldigkeit, sich von allem zu überzeugen. Das ist immer so im Leben und nicht anders.

Sie brauchen nicht zu glauben, Sie haben nur eine Pflicht, sich davon zu überzeugen!

Was Wahrheit ist, müssen Sie erst selbst empfinden, in dieser müssen Sie erst selbst leben, da müssen Sie sich selbst überzeugen, und so Sie überzeugt sind und hier so leben, hier, wo die Wahrheit ist – da ist Gott!

Suchen Sie doch die Wahrheit, nehmen Sie die Wahrheit in sich auf, damit Sie auch Wahres sagen können! Begegnen Sie ihnen mit dieser, er wird sie annehmen. Jeder Ihrer Nächsten wird sie annehmen. Ihre Pflicht ist es, sie zu überzeugen, sie auf den Weg zu führen.

Wir Menschen sind alle gleich. Wir sollten uns nicht erhöhen, wir sollten uns nichts einbilden. Was wir sein sollen: Wir sollen in Wahrheit reden, wir sollen sie bezeugen und können dieses nur dann, wenn wir es auch wagen, unserem Nächsten die Wahrheit zu sagen.

Und auch heute gibt es doch wirklich Menschen, die es nicht wagen, ihren Nächsten die Wahrheit zu sagen. Wer steht denn über uns? Wer ist unser Vater? Wer ist für uns alles, und was sind wir ohne ihn? Nichts!

Und heute noch sind die Eltern so. Wenn ihr Kind, ihr eigenes Kind, ihnen die Wahrheit sagt, dann bekommt es Schläge. Was ist das für ein Zeichen? Dass auch die Eltern alles noch nicht verstanden haben, sie strafen ihr eigenes Kind, wenn das Kind ihnen die Wahrheit sagt. Und deshalb bin ich Ihnen so ein kleines Vorbild. Ich habe meinen irdischen, meinen leiblichen Eltern immer die Wahrheit gesagt; denn sie wussten selbst nicht mehr, was Wahrheit ist. Dafür habe ich viele Schläge von ihnen verabreicht erhalten.

Warum soll ich feige sein? Warum soll ich mich schämen? Warum sollte ich nicht für Gott zeugen? Warum sollte ich meinen Eltern nichts sagen? Und nichts anderes ist es auch bei Menschen, die da glaubten, meine Vorgesetzten zu sein. Ich habe von menschlicher Seite nicht einen Vorgesetzten.

Das Gute bricht sich Bahn, das Gute wird doch siegen! Ja, die Wahrheit bricht durch. Und diese kann der Mensch nur an sich selbst erfahren.

Die Wahrheit, liebe Freunde, kann der Mensch nur an sich selbst erfahren, nicht anders. Nicht erst an seinen Nächsten, nein, erst an sich selbst.

Solange Sie auch das Gute hören, so Sie auch das Gute wollen und nötig haben und bejahen, solange werden Sie hier die Verbindung zu Gott beibehalten können, indem Sie die Wahrheit in Ihrem eigenen Körper erfahren und dadurch nicht zu den Energielosen zählen, sondern Sie werden wirklich durch die Kraft Gottes dahingehend gestärkt, dass Sie Ihr weiteres Erdenleben nur bejahen werden.

Wozu ich da bin auf dieser Erde: den Menschen die Kraft des Lebens zu übermitteln und die Menschen zum Glauben zu führen.

Dass viele, sehr viele Heilungen zustande gekommen sind durch die Kraft des Allmächtigen, von dem diese Kraft zu empfangen und für den diese Kraft weiterzugeben mir die Gnade zuteil wurde, darüber besteht kein Zweifel.

Weiterhin werden auch Sie feststellen, dass Ihr Körper durch diese gute, göttliche Kraft, die ja für jeden Körper von Gott so bestimmt ist, wirklich so frei wird, dass er keine Beschwerden mehr aufweist.

Denken Sie täglich an Ihren Körper! Nehmen Sie täglich neue, das heißt gute Kraft auf, und dieses geschieht da dann, so Sie sich von der Umwelt abschließen.

Sie müssen auch dafür sorgen, dass Sie gewisse Reserven haben, Kraftreserven.

Wir alle, die wir guten Willens sind, haben einen Kampf zu führen gegen den gemeinsamen Feind – den Bösen. Wir müssen über genügend gute Kräfte verfügen.

Sollen wir uns nicht unseren Körper erhalten? Sollen wir nicht jetzt in unseren göttlichen Körper das rein Göttliche in uns aufnehmen und sollen wir nicht den Kampf weiterführen gegen das Böse, oder sollen wir nur dahinsiechen?

Es ist nun einmal die Pflicht eines jeden Lebewesens, vor allem für den Menschen, den Kampf gegen das Böse zu führen.

Ich stand in diesem Kampf allein und werde auch weiterhin allein stehen. Ich selbst lehne jede Hilfe der Menschen ab.

Niemandem bin ich böse. Woher wollten Menschen dieses überhaupt wissen, was hier vor sich geht. Es konnte ja kaum ein Mensch wissen, was hier und wie dieses überhaupt geschieht, dass Menschen ihre Gesundheit wieder erlangen.

Ich bin keinem Menschen böse, ich denke nicht daran, Menschen zu bekämpfen, ich darf auch nicht daran denken, weil ich auf der anderen Seite Menschen helfen will.

Wir wollen Verständnis für alle Menschen aufbringen, daher haben wir viel zu lernen, dies kann nur, wer reif ist!

Nie werde ich einem Menschen böse sein, er kann unternehmen, was er will. Dieser Mensch tut mir Leid.

Warum gibt es Menschen, die dauernd stehlen, lügen, betrügen müssen, die dauernd ins Gefängnis gesteckt werden? Das sind Menschen, die dem Satan verfallen sind, um nur Schlechtes zu tun und einer dem anderen nur Schlechtes zu wünschen.

Menschen haben geredet, am 17. März 1949 soll die Welt untergehen. Viele Menschen wurden irre, sie brachten alles durcheinander. Was stellt ein Mensch sich vor vom Weltuntergang? Der Mensch arbeitet darauf hin, dass die Welt untergeht, dass sie einen Riss bekommt. Aber diesen Riss weiß ich zu meistern.

Stellen Sie sich vor, die Erde ist rund, wie Menschen es festgestellt haben – soll sie rund bleiben. Und wenn diese Erde jetzt einen Riss bekommt, so macht man einen Ring herum, so dass ihr nichts passieren kann.

Gott gebe euch alles Gute!

Für die Ordnung herzustellen, sollte kein Weg zu weit sein!

Es ist ein Glück für Sie, dass Sie den Weg hier fanden – ein guter, göttlicher Weg.

Ich hoffe auch, dass Sie auch ein Menschenfreund sind, dass Sie auch dem Nächsten helfen werden, wenn er hilfebedürftig ist.

Es ist nicht unbedingt erforderlich, dass ich zu meinem Freundeskreis spreche, sondern in vielen Fällen hat es sich erwiesen, dass auch Freunde in der Lage sind, meine Lehre so weiterzugeben, dass sogar auch hierdurch große Erfolge zu verzeichnen sind.

Ich bitte um Ihre tatkräftige Unterstützung, dass dieses Werk so gelinge, wo jeder Mensch zu diesem Werk kommen kann.

Das Werk ist von mir nicht zu trennen. Ich lebe nur für mein Werk, ich bin nur hier auf dieser Erde, um das aufzubauen, wozu ich bestimmt bin: den Menschen zu helfen, sie vom Bösen zu befreien, sie zum Glauben zu Gott zurückzuführen. Wer mich hierin nicht unterstützen kann und will, der soll von mir gehen, mit dem kann ich nichts gemein haben.

Wenn Sie den Hilferuf hören, dann gehen Sie und helfen – ich helfe!

Wir müssen jeden Menschen belehren und führen, anraten, diesen Weg zu gehen. Wenn er sich wohl fühlt, ist das ein Beweis, dass er auf dem rechten Weg ist.

Der Mensch fühlt sich nicht wohl im Bösen.

Sollten wir nicht dazu beitragen, das Böse von uns zu drängen? Sollten wir nicht all das dazu tun, dass wir jetzt endlich einmal dazu übergehen, indem wir uns ein für alle Mal von allem Bösen lossagen, indem wir die göttlichen Kräfte in uns aufnehmen und das Böse von uns drängen?

Ich will keine schlechten Menschen, nur gute – Kinder Gottes – sehen. Das sind die Menschen.

Wir wissen, wer wir sind und was wir sind, liebe Freunde, ich hab´s Ihnen schon oft gesagt: ein Kind Gottes! Wir sind doch nur ein Kind.

Und wenn wir sagen, wir sind Kinder Gottes, so sind wir es.

Wir sind alle Kinder Gottes und haben nur einen Vater und das ist Gott. Er allein kann helfen aus der Not und aus dem Elend, das wir tragen müssen. Nach Seinem Willen wird alles geschehen, auch wenn ich nicht bei euch bin.

Sagen Sie bitte niemals, dass ich Sie geheilt habe. Nein! Der Glaube an Gott, die Verbindung zum Herrgott, das ist die Heilwelle, die Sie empfangen haben, die über meinen und durch meinen Körper geht.

Den Dank für diese Heilung bitte ich nicht an mich zu richten. Der Dank gehört allein unserem Herrgott. Ich verlange von keinem ein Entgelt. Zu erwarten habe ich aber, dass Sie in Ihrem ganzen Leben zu Gott beten werden.

Danket nie mir, danken wir Gott dafür. Ich danke Gott immer dafür, dass ich das tun darf, dass ich Ihm dienen darf, dass ich Sie wirklich auf den Weg führe, das heißt, dass ich Sie Gott näher bringe.

Nur Gott allein kann helfen. Er hilft aber nur Gläubigen, die gewillt sind, ihr altes Leiden von sich zu werfen.

Ich weiß, dass Menschen heute so sehr von sich eingenommen, die sehr erhaben sind. „Wer glaubt heute noch an Gott, ist doch 'n Schmarren. Nun ja, eine Religion muss man ja haben, und die Dummen muss man irgendwie wo führen, und die muss man das glauben machen, dass es einen Gott gibt." Auch solche Menschen gibt es.

Der Mensch weiß nicht mehr, was das Wahre ist. Er, der Mensch, ist mehr und mehr oberflächlich geworden, er ist, praktisch gesagt, jeder großen Sünde verfallen, ohne dass er es weiß, ohne dass er es überhaupt wahrnimmt, ohne dass ihn überhaupt das Gewissen plagt, das heißt er fühlt es mehr oder weniger überhaupt nicht mehr.

Es gibt Leute, die meinen, sie müssten sich schämen, wenn sie an den Herrgott glauben. Glauben Sie an Gott, bekennen Sie sich dazu – das ist das Erste.

Wenn einer von euch sagen will, es gibt keinen Herrgott, so lasse ich mich dafür in Stücke reißen. Ich gehe von meinem Glauben nicht ab.

Glauben Sie nur, dass ich weiter nichts als nur Ihr Helfer bin, glauben Sie, meine lieben Freunde, dass ich weiter nichts als nur ein Diener Gottes bin, was auch Sie sein können, wenn Sie´s nur wollen, wenn Sie´s nur tun!

Ohne Glaube kein Leben.

Glauben Sie immer!

Wir müssen vorwärts schauen auf das Ziel!

Hoch ist unser Ziel und weit der Weg dorthin und begrenzt unsere Erdenzeit.

Und jetzt stellen Sie sich ganz kurz den irdischen Weg vor: Sie befinden sich auf einer Straße, ob Sie mit Wagen, ohne, ob per Rad, zu Fuß, egal, oder in der Eisenbahn, im Zug oder im Flugzeug sind. Wenn dieses Fahrgestell eine falsche Richtung einschlägt, das heißt nicht die Richtung, dass Sie Ihr Ziel erreichen, da müssen Sie doch wieder zurück, sonst erreichen Sie Ihr Ziel nicht. Wenn Sie aber ziellos durchs Leben gehen, dann gibt es ein Durcheinander, dann kann überhaupt nichts Gutes sein.

Aber ein Ziel hat bestimmt jeder. Und das erste Ziel war bei den Menschen hauptsächlich das irdische Ziel. Das Ziel war, hier viel zu gewinnen im Erdenleben an materiellen Dingen, um dadurch noch mehr erreichen zu können, um nachher ein friedliches Leben führen zu können. Hier, liebe

Freunde, haben Sie das wirkliche Ziel verfehlt. Dazu hat Gott Ihnen ein Erdenleben hier nicht geschenkt und dazu auch nicht Ihren Körper.

Der Mensch sagt: „Ich muss sehen, dass ich das erreiche, was ich für mein weiteres Leben und für meine Nachkommenschaft brauche“. Aber ob das gut und richtig ist? Seinem Empfinden nach ja, meinem und dem rein göttlichen Empfinden nach: nein, zu 99 % nicht. Er hatte nur das Empfinden.

Geld ist Macht, Gesundheit ist Allmacht. Und das ist das größte Reich, und das verstehe ich unter reich sein. Wer einen anderen Reichtum bevorzugt, wer da glaubt, dass ihm das mehr sagt und mehr gibt – dann bitte! Mit dem habe ich noch nichts gemein, der muss erst eine Lehre daraus ziehen.

Was haben Sie, wenn Sie viele irdische Güter besitzen? Dann geht es Ihnen so, wie vielen dieser, die heute zu den Reichsten der Reichen zählen. Das Gute, das Göttliche können Sie sich mit Geld, mit Gold, auch Brillanten, mit sonst was, was Sie haben, nicht erkaufen. Wenn Sie die ganze Erde bereisen müssten – das können Sie, aber die Gesundheit erkaufen nicht.

Ich nehme keine Heilung auf Kauf und Verkauf vor! Der Arme und der Reiche sind im Grunde doch gleich arm. Was glauben Sie, was mir schon alles angeboten wurde? Autos, Luxuswagen, so viel ich wollte, Villen, Rittergüter, Schlösser, Geld, Gold, alles wurde mir schon zu Füßen gelegt.

Das beste und größte Geschenk in diesem Erdenleben ist nicht Reichtum, nicht das Geld, sondern die Gesundheit, die mehr wert ist als alles Gut der Erde.

Mein Wunsch geht darauf hinaus, allen Menschen zur Gesundung helfen zu können. Ich frage nicht nach der Religion. Ich frage nicht nach der Nation.

Ich frage nicht nach Religion, nicht nach der Nation. Ich frage nach dem Menschen. Ich muss die ganze Welt durchgehen, ich muss überall die Aufklärung geben.

Früher hatte ich einen oder zwei Zeugen. Heute ist es schon ein kleines Völkchen.

Ich bin auch verlacht und verspottet worden. Ich gehe aber immer weiter. Ich brauche nicht laut zu sprechen. Der Schall geht zu jedem Leidenden hin und jeder empfängt das, was er sich schon lange ersehnt hat!

Ich habe einen inneren Stolz, ein kleiner Diener Gottes zu sein.

Ich bin nur der Vermittler, allein der Glaube vermag alles.

Ich frage immer wieder: Warum kann der Mensch noch nicht glauben? Warum muss der Mensch einen anderen Glauben haben? Warum muss er nicht den Glauben in sich aufnehmen, wie er uns gegeben wurde? Warum setzt der Mensch das nicht in die Tat um?

Der Mensch kann auch nicht und darf auch nicht den Gedanken aufnehmen: „Wenn ich nicht weiter kann, dann gehe ich wieder zurück, dann geht´s einfach nicht. Ich glaube auch nicht, dass ich das schaffe.“ Da verliert er schon den Glauben, da legt er schon alles wieder ab.

Die, welche da geheilt sind und wieder rückfällig werden, sind schwach geworden im Glauben. Wenn der Regelungsschmerz sie befällt, dann werden sie schwach und denken nur an ihr Leiden. Nur, wer meine Worte befolgt, der wird das Leben erneuert haben.

Ich wage es nicht zu fragen: „Was verstehen Sie unter diesem Wort Glaube? Was ist für Sie Glaube?“ Glaube ist auch, wenn der Geschäftsmann an ein gutes Geschäft glaubt.

Viele Menschen glauben, dass sie mit ihrem Köpfchen klar denken, klar fühlen können. Sie sind alle nur in einem Taumel.

Richtig ist es, wenn Sie tatsächlich nachher halten, was sie versprochen haben, das heißt Worte in die Tat umsetzen. Wenn ich sage: „Ich glaube“, das sind Worte. Aber die Taten sprechen, dass es ausgeführt wird.

Ich habe in Herford gesagt, dass in Zukunft jeder sein eigener Arzt sein kann, das heißt, er wird so gesteuert vom Herrgott, dass er die Heilwelle automatisch empfängt, wenn er sich dem Herrgott beugt, wenn er weiß, dass es einen Herrgott gibt, wenn er das göttliche Bestreben hat, in diesem wahren, göttlichen Glauben zu leben, nicht nur in Worten, sondern in der Tat.

Das will ich euch zu wissen geben: Der Mensch, der zu den Menschen zählt, der den göttlichen Glauben in sich hat und darin lebt oder der bereit ist, auch ihn in sich aufzunehmen: Diesen Menschen sei geholfen für alle Zeiten.

Meinen großen Lohn sehe ich darin, dass immer wieder Menschen zu mir kommen, dass sie durch mich wieder glauben können.

Gerade in solchen Fällen, in denen die Menschen so mut- und hoffnungslos geworden sind und den Glauben an ihre Wiedergesundung verloren haben, sehe ich es als meine Aufgabe an, in dem Menschen das Selbstvertrauen und den Willen zum Gesundwerden zu erwecken.

Ein Vorhaben kann nur mit Erfolg zur Ausführung kommen, wenn der Ausführende an den Erfolg glaubt. Ein Bauer würde keine Saat ausstreuen, wenn er nicht daran glauben würde, dass sie auch aufgeht.

Nun, liebe Freunde, wer hier nicht folgen kann, tja, der wird wirklich keinen Erfolg haben; und wer nicht daran denkt, überhaupt zu folgen, ja, wie will der da dann mal an Erfolg glauben, das heißt den Erfolg haben? Das wird nicht möglich sein.

Und da gibt´s noch viele Fragen, meine lieben Freunde, das ist ein Anfang, aber auch ein Ende. Das werden Sie so leicht nicht erleben, wenn Sie nicht dem folgen, dem wir auch alle zu folgen haben: nur dem Guten, dem Göttlichen. Wir müssen Gott, unserem Vater, folgen!

Wenn wir diesen unseren Körper voll und ganz in den Dienst Gottes stellen. Gott wird es uns lohnen; aber wir haben dann auch, weil wir ja brav, weil wir ja folgsam sind, viel Gutes von Gott, unserem Vater zu erwarten.

Und so Sie wirklich im Dienste Gottes stehen – Gott gibt Ihnen einen, Seinen Lohn. Und der ist nicht klein, der ist groß.

Und so ist es auch schon vielen Menschen ergangen, die im Leben viel Böses getan, deshalb, weil sie vom Bösen behaftet waren. Und wenn sie einmal im Leben Gutes getan, dafür erhielten sie ihren Lohn.

So Sie jetzt dem Guten folgen, so Sie jetzt alles Gute an sich und Ihrem Nächsten tun, werden Sie vom Guten, werden Sie von Gott belohnt werden.

Ich könnte Ihnen viele Freunde aufzählen, das heißt, die zu unseren Freunden heute zählen, diese früher vom Bösen Behafteten, die Böses taten und zu all dem nur einmal Gutes an einem ihrer Nächsten – und schon wurden sie von dem Bösen befreit. Schon ging das Übel von Ihnen ab, schon kam das Gute, das sie bejahten, zu dem sie heute noch stehen und dadurch viele, viele Menschen auch zu ihrem Glück, zu ihrem Heil, zu diesem Reichtum verhelfen, das sich doch jeder selbst erarbeitet. So ist es richtig.

Sie werden aus dem Gesagten das entnehmen können, dass es Ihre eigene Pflicht, sogar Schuldigkeit ist, Ihrem Nächsten zu helfen, so er nicht mehr glauben kann, so er sich verloren sieht, dann müssen Sie für ihn eintreten, müssen Sie für ihn schaffen.

Menschen können nicht glauben, dass sie in der Lage sind, so viel Kraft in sich selbst, in ihrem Körper aufzunehmen, und so sie den guten Willen haben, auch ihrem Nächsten zu helfen.

Nun, meine lieben Freunde, bejahen auch Sie das Gute, so Sie doch das Gute für sich selbst, für Ihren Körper, auch für Ihren Nächsten nötig haben – und Sie glauben heute noch gar nicht daran, dass Sie Ihrem Nächsten auch helfen können.

Geh du erst den Weg, damit du ihn, deinen Nächsten, belehren kannst, damit du ihn auf den Weg führen kannst, wie du es selbst erfahren hast.

Ich will doch den Menschen auf den natürlichen Weg zurückführen. Ich will ihn darauf hinweisen, dass er wieder lernt, auf die Vorgänge in seinem Körper, auf die Einflüsse in seiner Umgebung zu achten und dies zu seinem Vorteil auszunützen.

Schon seit meiner Kindheit machte ich die Feststellung, dass der gute, göttliche Weg fast leer war, hin und wieder traf ich einen guten Menschen an. Dieses machte mich sehr stutzig.

Sie sind Sucher, sie suchen, und das, was sie suchten, konnten sie auf dem Weg, auf dem sie sich bewegten, nicht finden.

Und da zeigte ich ihnen den Weg. Habe ich ihnen so vieles mit auf den Weg gegeben und habe ihnen das Anraten gegeben, dass sie sich selbst von allem zu überzeugen haben.

Glauben Sie nicht dem Gröning, aber überzeugen Sie sich.

Viele sagen: „Was der Gröning tut, kann nur Hypnose sein, bei Massenheilung ist es meist Hypnose". Auf der anderen Seite sagt man, es wäre Suggestion. O nein, ich suggeriere keinem Menschen etwas ein. Ich verdumme auch keinen Menschen, denn durch Hypnose wird verdummt.

Richtig ist es ja, dass der Mensch in einem hypnotischen Zustand lebt, das habe ich gewusst als kleines Kind. Der Satan hat den Menschen in einen solchen Zustand versetzt, so dass er tatsächlich nicht mehr diesen wahren, göttlichen Weg findet.

Der Mensch ist so verbildet, dass er Selbstsuggestion ausübt. Wenn Sie irgendein Leiden haben, so stellen Sie sich vor oder bilden sich das ein, Sie hätten diese oder jene Krankheit. Tatsache ist, dass Sie sich Ihre Krankheit selbst einsuggerieren und von dieser dann nicht mehr loskommen.

Nun muss ich Sie bitten, jetzt mehr denn je in sich hineinzuhorchen und das aufzunehmen, was ich Ihnen zu geben beabsichtige. Machen Sie sich jetzt noch frei von all dem Schlechten, und nehmen Sie das Gute auf, das hier die Heilwelle ist, nicht die menschliche, sondern die göttliche. Machen Sie sich frei von all dem Schlechten und fühlen Sie, was in und an Ihrem Körper vorgeht.

Nicht die Krankheit festhalten, sondern fühlen, was in und an Ihrem Körper vorgeht.

Nicht mit den Gedanken woanders sein, horchen Sie in sich hinein, fühlen Sie, was in und an Ihrem Körper vorgeht.

Kopfschmerzen? Ist richtig. Wer Kopfschmerzen kriegt, sage ich: Prima, denn da muss es ansprechen, das muss jetzt durchgehen, um auf das Organ zu wirken, und in diesen kranken Organen bzw. Gliedern muss etwas vorgehen.

Gute Worte bedingen Gutes, schlechte Worte Schlechtes. Jede Arbeit muss mit dem Kopf beginnen, es muss dort Ordnung sein, dann ist der Körper auch in Ordnung.

So viele Bücher! Das kann ja alles nicht festsitzen. Der eine schreibt so über das Thema, und der andere schreibt anders. Was ist richtig? Es gibt eine Verwirrnis.

Richtig ist, wenn der Mensch nur seinen Körper beobachtet, für einige Minuten von seinem Leiden ablässt, auch gedanklich ruhig und konzentriert ist und still auf den Empfang der Heilwelle wartet.

Wer hat jetzt noch Schmerzen? Sind das dieselben Schmerzen, die Sie früher gehabt haben? Fühlen Sie bitte richtig, dann stelle ich Ihnen das klar.

Bei der Beachtung des eigenen Körpers werden auch Sie fühlen, wie sich alles in Ihrem Körper vollzieht. Es sind einfach gesagt, Gefühle, wie der Mensch sie noch nie in seinem Körper wahrgenommen hat.

Von seinem Leiden freimachen heißt: Geben Sie Obacht, was in diesem Moment geschieht. Lassen Sie bitte von Ihrem Leiden ab. Schenken Sie mir Ihr Leiden. Ich nehme es. Horchen Sie in sich hinein und dann haben Sie alles. Das komische Gefühl, das Sie bekommen, das ist die Heilung, das heißt Sie sind angesprochen und die Heilung geht dann automatisch vor sich.

Wenn sich ein Kranker durch die Annahme meiner Lehre wieder gesund fühlt, dann bitte ich ihn, sich dies vom Arzt durch eine gründliche Untersuchung bestätigen zu lassen.

Verfehlen möchte ich Ihnen nicht, auch das noch mit auf den Weg zu geben: Soweit sie in ärztlicher Behandlung gewesen sind, bis zum Schluss, dass Sie auch sich noch ärztlich nachuntersuchen lassen.

Meine Freunde wissen, dass ich keine Heilungsversprechen mache und dass ich von ärztlicher Behandlung nie abrate.

Ich bekomme oftmals Äußerungen von Kranken über ihre Ärzte zu hören, die nicht zum Vorteil der Ärzte gereichen, und trotzdem versuche ich, in diesen Menschen das Vertrauen zum Arzt zu wecken.

Wenn ich von Kranken angegangen werde, so weise ich sie darauf hin, dass sie zu ihren Ärzten Vertrauen haben sollen.

Ich achte jeden Arzt, der sein Menschtum bewahrt hat, der als Mensch dem Menschen entgegentritt und sich vor seinem Gewissen bemüht zu helfen, gerade wenn er dabei zu ganz einfachen und natürlichen Mitteln greifen müsste.

Ich halte niemanden davon ab, einen Arzt zu Rate zu ziehen, im Gegenteil, ich rate immer, Ärzte aufzusuchen und Vertrauen zu haben.

Wenn ein Kranker zu seinem Arzt Vertrauen hat, ist sowohl dem Kranken als auch dem Arzt geholfen.

Wie der Arzt Medizinen verschreibt, um Sie der Gesundheit zuzuführen, empfehle ich, zu Ihrem Arzt Vertrauen zu haben und den Glauben an die Wiedergesundung nicht zu verlieren, denn meines Wissens ist erste Voraussetzung, dass der Kranke dem Arzt gegenüber Vertrauen hat und daran glaubt, dass der Arzt ihm helfen kann. Das Vertrauen zum Arzt ist schon die beste Medizin.

Ein Kranker, der den Arzt aufsucht und nicht daran glaubt, dass er Hilfe findet, kann nicht gesund werden. Ebenso wenig kann ein Arzt einem Kranken wirklich helfen, wenn er nicht davon überzeugt ist, dass seine Methode oder seine Medizin hilft.

Genauso, wie ich Ihnen oft gesagt habe, wenn Sie vom Arzt ein Medikament verschrieben erhalten haben: Glauben Sie doch wenigstens, dass es hilft. Haben Sie doch Vertrauen zu Ihrem Arzt.

Haben Sie Vertrauen! Denn so Sie dem Arzt mit Vertrauen begegnen, wird er schon das Richtige tun. Und wenn Sie glauben, dass er Ihnen das Richtige geben, das Richtige tun wird, dann ist es auch schon richtig.

Ich verbiete und verschreibe auch nichts. Jeder Mensch muss wissen, wem er seinen Körper zur Verfügung stellt. Ich darf und werde es nicht tun und ich kann es auch nicht verantworten. Es ist jedes Menschen eigener Entschluss. Wenn er sagt: „Ich lasse mich operieren", kann man das nie in Abrede stellen. Ich werde nicht dafür und nicht dagegen sprechen. Das wäre zu viel, und es kommen nachher Menschen und sagen, ja, der Gröning hat gesagt.

Schmerzen können immer weg sein, so soll es sein, das heißt, es kommt immer darauf an, wie der Mensch empfängt. Aber dann kommen Sie mal mit einem schlechten Menschen zusammen, und es kommt wieder. Haben Sie Umgang mit guten Menschen, dann bleibt es weg. Lassen Sie sich nicht von satanischen Menschen verreißen!

Es sind aber Störenfriede am Werk und es kommt vor, dass Menschen, die geheilt waren, wieder in ihre alten Leiden zurückgefallen sind. Das ist nicht meine Schuld, das ist die Schuld dieser satanischen Menschen, die an diesen geheilten Menschen bohren und ziehen, die sagen: Glaubt doch nicht den Quatsch, das hält doch nicht lange an!

Die Gesundheit ist wie ein Gegenstand, der leicht zerbrechlich ist, Porzellan, er hat so eine unsichere Hand, er lässt es fallen: in Scherben. Er kann auch hier, wenn er die Gesundheit erhalten hat, unvorsichtig sein oder auch mit schlechten, teuflischen Menschen zusammenkommen, dann kann er seine Gesundheit wieder verlieren.

Nicht so sehr am Leiden festhalten. Sie werden merken, wenn Sie die Schiene abnehmen, ist alles weg; stellen Sie sie nur daneben hin, dann haben Sie die Schmerzen und die Schwäche wieder da. Vorsicht mit dem Porzellan, habe ich doch gesagt!

Wer bereit ist, die Hilfe und Heilung entgegenzunehmen, der mache sich frei und lasse die Krankheit hier oder werfe sie nach und nach ab.

Ich habe es nie für möglich gehalten, dass es so unglaublich viel Leid und Krankheit unter den Menschen, vielleicht besonders unter uns Deutschen gibt, wogegen die Ärzte mit ihren bisherigen Methoden und Medikamenten einfach nichts mehr unternehmen können! Irgendwo hört ihr Wissen und ihr Können auf – und an einer ganz bestimmten Stelle sehe ich meine Aufgabe und meine Pflicht.

Ich führe den Menschen wieder zurück in die göttliche Ordnung und mache ihm das klar, wer er ist, wer ihn geschaffen und zu wem wir alle gehören.

Es gibt Tausende von Menschen, die mir in den vergangenen Jahren bestätigten, dass sie durch die Annahme meiner Lehre, durch das Anhören meiner Vorträge, durch den Kontakt mit mir eine ganz andere Lebenseinstellung eingenommen haben und die sich im „Kranksein“ auf „Gesundsein“ umgestellt haben.

Heute lässt es sich nicht mehr leugnen, da mir ja einige, unzählige Tausende Heilungsberichte zugegangen sind, dass Menschen von ihrem langjährigen Leiden befreit sind.

Steh auf und geh!

Fest steht es, dass die Menschheit ihre Hilfe bekommt.

Ich stelle immer wieder fest, dass sich die Menschen um mich scharen.

Es soll sich jeder darüber klar sein, dass er mit seinem „Ja“, was er mir jetzt gibt, sich nicht mir allein gegenüber verpflichtet, nicht allein den Freunden gegenüber verpflichtet, nicht allein all den um Hilfe bittenden, elenden, kranken Menschen gegenüber verpflichtet, sondern dass er hiermit eine Zusage dem gegenüber gibt, der die Kraft des Lebens aussendet.

Wir wollen uns nicht aufdrängen, erst muss der Mensch wissen, was er will! Wem nicht zu raten, dem ist auch nicht zu helfen. Am besten helfen Beispiele durch Heilung.

Was Sie tun können, ist, die Menschen aufzuklären und ihnen nur das zu berichten, was Sie bei mir erleben.

So dies geschehen, dass Sie einem anderen geholfen haben, so warne ich jeden Menschen, dass er sich dann daraufhin was einbildet und von sich aus Behauptungen aufstellt, er könne heilen. Vorsicht! Davor warne ich!

Der Leiter muss ganz innere Ruhe sein. Wenn innere Ruhe da ist, gelingt alles. Ich liebe die Ruhe, die Ordnung und den Frieden. Bei Unruhe entsteht Unordnung und Unfrieden.

Man muss – alles in allem gesehen – schon wissen, was Ruhe ist, um diese wirklich beherzigen zu können und sie zu bewahren, allein schon deshalb, weil man alles nur in der allergrößten Ruhe meistern kann.

Dass ich dazu Ruhe brauche und nicht immer und immer wieder durch weltliche äußere Einflüsse gehindert werden darf, dass ich einen wirklichen Schutzwall brauche, um ungestört das wirken zu lassen, was mir gegeben, daran hat niemand gedacht, niemand von meinen Freunden, von denen, die meine Freunde sein wollen.

Natürlich, wenn man Schauermärchen erzählt, über Dinge spricht, die wirklich Spinnereien sind, na dann bringt der Betreffende uns alle in Gefahr! Und davor warne ich, da seien Sie vorsichtig!

Jedes Wort sehr genau nehmen!

Also hier sehe ich den wichtigsten Punkt, Sie richtig zu belehren, damit Sie auch richtig zu sprechen wissen.

Das Allerwichtigste ist und bleibt doch für Sie, dass Sie Ihr Eigenes wieder zurückerlangen und dass Sie den falsch gegangenen Weg wieder zurückgehen müssen, das ist Ihnen selbstverständlich.

Aber der Mensch zieht ja aus all dem Erlebten dann keine Lehre, wenn Gott ihm gleich all das so geben würde. Er hat kein Recht, auch nicht das geringste Recht, nur das Geringste zu verlangen – erlangen kann er es nur.

Verlangen können wir nichts, gar nichts.

Hier sollen Sie empfangen und nichts verlangen.

Wenn Menschen glauben, dass ihnen das Recht zusteht, vom Herrgott zu verlangen, dass Er ihnen sichtbar wird, und wenn sie glauben, dass ich das tun muss, was sie von mir verlangen, dann irren sie sich. Ich behaupte mich nach wie vor.

Als Sender kann ich niemals den Menschen das Recht einräumen, von mir etwas zu verlangen. Ich sende die Heilwelle, die auch der Kranke empfangen kann, auch ohne zu wissen, dass und was ich sende.

Ich räume einem Menschen nie das Recht ein, etwas von mir zu verlangen. Ich bin bereit, Ihnen das zu vermitteln, wie mir die Kraft gegeben ist, nicht von Menschen, sondern tatsächlich vom Herrgott, um Menschen helfen und heilen zu können.

So ist auch hier der Weg von Gott zu den Erdenkriechern, nenne ich Sie einmal so, zu den Erdenbürgern, wie Sie hier sind, sehr weit. Sie verfügen noch nicht über die Energien, dass Sie in der Lage sind, weil Sie Ihren Körper noch nicht voll genützt, weil Sie noch nicht erkannt haben, dass auch in ihm die Verstärkung ist, dass Sie in der Lage sind, die Sendung Gottes direkt aufzunehmen. Dazu bin ich hier, Sie dazu zu bewegen, dass Sie später auch in der Lage sein werden, die Sendung direkt zu empfangen.

Um mich kurz zu fassen, möchte ich vergleichsweise sagen, dass ich das Empfangsgerät beim Menschen ausfindig gemacht habe und imstande bin, den menschlichen Organismus sozusagen zu überholen.

Das göttliche Haus, von dem ich umgeben bin, da sorg ich immer, dass die Ordnung drin ist, und was um Sie ist, in allem gesehen, immer die Ordnung ist, das ist wichtig.

Gröning ist ein Sender. Ja. Ein Empfänger kann nichts anderes empfangen, als der Sender sendet und so sende ich Ihnen hiermit die Heilwelle. Nehmen Sie sie auf, und wenn es soweit durch den Körper gefahren ist, beobachten Sie Ihren Körper weiter, was weiter geschieht.

Hier müssen Sie aufnahmefähig sein, um das Gute, Göttliche zu empfangen.

Wenn Sie kommen, dass Sie nicht unvorbereitet, sondern dass Sie sich immer auf den guten Empfang vorbereiten, das ist wichtig!

Jeder Heilungssuchende kann nur empfangen, wenn er sich von seinem Leiden freimacht.

Es ist nicht meine Schuld, wenn Sie nicht empfangen, es ist nicht meine Schuld, wenn Sie nicht gesund werden, es liegt an jedem Menschen selbst.

Es liegt nicht an mir kleinem Menschen und auch nicht an der Allmacht Gottes. Es liegt allein am Menschen selbst.

Horchen Sie in Ihren Körper rein, konzentrieren Sie sich darauf, was in Ihrem Körper geschieht.

Ja, Sie haben geglaubt, das ginge nur so, und jetzt kommt der Gröning, wie Sie das gewöhnt sind von Menschen, wenn Sie zum Arzt, zum Heilpraktiker gehen, der macht da so´n Hokuspokus – und fertig. Nein, Freunde, so ist das nicht. Es kommt nicht auf Gröning, sondern es kommt auf Sie selbst an. Es nutzt ja gar nichts. Es kommt auch nicht auf Gott an, es kommt auf Sie an.

Viele Menschen begehen den großen, unverzeihlichen Fehler, indem sie sich zum Zeitpunkt, wo sie Heilung erwarten, zu sehr mit ihrer Krankheit oder dem körperlichen Schmerz beschäftigen, sich keine Minute davon frei machen können, um, wie ich bitte, in sich hineinzuhören und „meine" Heilwelle zu empfangen.

Nun, Freunde, ich glaube, dass wir uns richtig verstanden haben, und ich glaube, dass Sie jetzt das Gute für sich beherzigen werden, denn das will aufgenommen werden. Nur dann findet die Aufnahme statt, wenn Sie sich wirklich vom Bösen endgültig lossagen.

Wenn einer dieser glücklichen Menschen diese innere Umwandlung bei sich feststellte, so fand er in den meisten Fällen keinen anderen Ausdruck als das Wort „Heilung". Und man spricht davon, Gröning habe ihn geheilt. In Wirklichkeit ist es der Mensch selbst, der es zu seinem Heil gebracht hat.

Sehen Sie, wie das Gute um den Menschen ist und wie das Gute in den Menschenkörper auch eindringt!

Wie Sie sich Gott gegenüber dankbar zeigen, das belasse ich Ihnen selbst.

Wer da rein sein will, der gehe nicht in den Schmutz und in den Dreck und er wühle auch nicht im Dreck, denn da wird er sich besudeln.

Ich wünsche, dass Sie Meister des Lebens werden.

Es sollen weniger Worte, dafür umso größere Taten sein!

Willst du das Göttliche erleben, so musst du danach streben!

Was wusste der Mensch von gut?

Was weiß der Mensch? Nichts weiß er, gar nichts. Warum wissen sie nichts? Weil sie ja kein menschliches Empfinden mehr haben können.

Durch die fortschreitende Zivilisation verlernt der Mensch ja die Fähigkeit, sich natürlich zu verhalten und die ihm innewohnenden Kräfte auszunutzen und zu mobilisieren.

Fernsteuerung. Es ist nicht unbekannt, dass Flugzeuge, Schiffe, Panzer, Autos usw. ferngesteuert werden. Von diesen Dingen wissen Sie genau, auch vom Spielzeug. Wie es das Rundfunkgerät gibt, so können Sie ja auch steuern. Und weil der Mensch die Fernsteuerung verloren hat, kann er von dem Göttlichen, von dem Himmlischen nichts mehr erlangen. Er ist außer Kontakt.

Genauso kann ich das einem Menschen nicht verwehren, dass er falsch denkt, denn ich sehe nur ein kleines, winziges Menschenhirn, nicht mehr, und dass er damit nicht weit denken kann, ist mir klar. Aber dafür hat der Mensch einen Instinkt bekommen. Den hat er im Laufe der Jahre verloren, den will ich ihm wiedergeben, und mit diesem ist es mir möglich, den Menschen wieder auf den wahren, göttlichen Weg zu führen.

Ich kann genauso jeden Menschen führen, dass er nicht in der Lage ist, irgendwo ins Unglück zu gehen noch ins Unglück geführt zu werden. Er wird verhindert, obwohl er vorerst schimpft, wenn er sein Ziel nicht erreicht, wie er sich das so gedacht. Er weiß auch nicht, wie das kommt. Und das tue ich hier an Menschen, die sagen: „Ich lege mein Leben in Ihre Hände, führen Sie mich bis zu meinem Ende!" Und ich führe diese Menschen tatsächlich nur auf dem guten Weg, und da halte ich sie fest, so dass sie niemals auf den schlechten Weg kommen können.

Wenn ich sage: „Hier, mein Herr, darf ich Sie für das weitere Leben führen?" beantworten Sie mir diese Frage mit Ja. Dann sage ich: „Seien Sie mir bitte nicht böse, wenn Sie sich ein Ziel in den Kopf gesetzt haben und dieses Ziel nicht erreichen, weil Ihr Ziel die größte Gefahr sein kann. Dann können Sie sich aufs Motorrad, ins Auto oder in die Eisenbahn setzen wollen, Sie werden das Ziel, was Sie sich als Ziel gesetzt haben, nie erreichen. Da droht die Gefahr. Das Motorrad ist nicht imstande, es fährt nach einer gewissen Grenze und bleibt stehen.

Wie war ich wohl in der Lage, eine Fernsteuerung, nicht nur an Menschen, sondern, wie der Mensch sagt, an toten Gegenständen vorzunehmen? Tot, weil es eine Maschine ist, die von Menschenhand geschaffen, dass ich diese Maschine abstelle, dass ich alles Mögliche, Motorräder, Apparate abschalte. Oder beim Rundfunk, da habe ich den Apparat ausgeschaltet, einen, zwei und in Frankfurt den dritten. Das sind alles so Kleinigkeiten.

Die Heilung ist das Wenigste, wozu ich in der Lage bin. Weiteres dazu werdet ihr noch zu wissen bekommen. Es wird euch in großes Staunen versetzen.

Das ist so schön, sich so viel irdische Güter zuzulegen, dafür nur zu schaffen, denn dazu hat er seinen Körper. Ich glaube nicht, dass das das Richtige ist. Ich glaube, dass das falsch ist. Und glauben kann ich, weil ich mich von all dem überzeuge, weil ich dem nachgehe, weil ich dabei feststelle, dass der Mensch sich selbst und somit auch seinen Körper in Vergessenheit gebracht hat.

Der Mensch ist so weltlich geworden, obwohl er in Wirklichkeit, in Wahrheit göttlich ist. Er hängt an vielem, an viel irdischen Gütern, an dem Göttlichen kaum.

Nicht nur an das irdisch Weltliche denken, sondern erst recht, was auch das Wichtigste ist, das Göttliche, an Gott selbst.

Die geistigen Kräfte soll der Mensch, auch der „Aufgeklärte“, wieder kennen lernen, wieder lernen, mit Nutzen für sich zu verwenden, für die Wiedererlangung und Erhaltung der göttlichen Ordnung.

Wenn oft davon die Rede ist, dass ich „Wunderheilungen“ vollbracht haben soll, so muss ich hierzu erklären, dass die Menschheit für solche Vorgänge heute keinen anderen Ausdruck mehr als das Wort „Wunder“ hat, während es doch die natürlichste Sache der Welt ist, wenn ein Mensch zum Natürlichen zurückgefunden hat.

Ich tue doch nichts anderes, als die Leute darauf aufmerksam machen, dass es ganz von ihrem Willen abhängt, ob sie wieder gesund werden, und weise ihnen den Weg, wie sie es anzustellen haben, in ihr Inneres wieder Ordnung zu bringen.

Ich füge doch mit meiner Tätigkeit niemand Schaden zu, im Gegenteil, ich helfe doch überall, wo die Hilfe versagt wurde.

Dass meine Lehre einen guten Sinn und Zweck hat, ist doch dadurch erwiesen, dass dadurch viele auf den rechten Weg gelangten. Dies kommt doch nur dem Staate zugute und es wird ihm dadurch kein Schaden, sondern nur Nutzen eingebracht.

Es handelt sich hier nicht um Schaukünste und billige Vorführungen von Wundern, dazu ist die Stunde zu ernst und das Leid der Menschen um mich herum zu groß.

Es ist keine Hypnose, es sind nur die Worte Gottes.

Mein Wort bleibt unveränderlich.

Nicht Ihre Meinung zum Vorschein bringen, zum Ausdruck bringen, sondern Ihre Überzeugung. Ich habe keine Meinung, sondern nur eine Überzeugung.

Hier im Leben ist es doch so unter den Menschen, dass die meisten von sich aus Ihnen nur ihre Meinung sagen, nicht ihre Überzeugung.

Ich weiß nicht viel, ich weiß weiter nichts als nur das, was Menschen heute nicht mehr wissen, nicht mehr wissen können, wie ich soeben sagte, dass sie dem Menschlichen verfallen und dass der Mensch alles so menschlich und nicht mehr göttlich nimmt.

Auch Sie, liebe Freunde, werden alles Mögliche versucht haben, um von diesem Übel frei zu werden; und wenn Sie sich jetzt selbst die Frage stellen, was Ihnen das eingebracht hat. Sollten Sie nicht gleich zu dem greifen, zu dem Sie gehören und das zu Ihnen gehört, so dass in Ihrem Körper auch die Ordnung herrscht?

Zurück zur Natur heißt zurück zu Gott.

Wer war der erste Arzt und was war die erste Medizin? Die Natur!

Und wenn wir brav sind, wenn wir alles tun, was Gottvater uns sagt, wenn wir all das nützen, was Er uns gibt, dann werden wir viel, viel Gutes tun können, auch wenn wir unseren Körper richtig nützen.

Wenn wir keinen Körper besitzen, wie könnten wir wohl Werte schaffen? Auch aus dem göttlichen Bereich, aus dieser Erde. Auf dieser Erde wächst all das, was wir brauchen, was wir verarbeiten können. Und wenn wir unseren Körper nützen, dass wir ihn dazu bewegen, dass wir die Liebe dazu haben, aus einem Stück Holz etwas Gutes zu formen, das ist wundervoll. Aber das Wichtigste ist und bleibt doch immer der Körper! Er doch ist es, ist das göttliche Geschenk.

Und was wir alles tun können, das habe ich Ihnen schon so oft gesagt, meine lieben Freunde, dass wir mit diesem, unserem Körper viel, viel Freude schaffen können, so dass wir damit unseren Nächsten erfreuen können.

Was Sie mit dem Körper alles tun können! Und gerade deswegen, meine lieben Freunde, müssen wir viel, viel mehr auf uns selbst und so auch auf das göttliche Geschenk, auf unseren Körper achten.

Liebe Freunde, wir müssen viel mehr wissen, wer wir sind und was wir sind. Wir leben nicht so, wie wir leben sollten. Das Leben ist noch nicht genützt. Wir nützen uns selbst noch nicht, wir nehmen ja nicht all das, was wir bekommen.

Nicht gehen lassen! Wer sich gehen lässt, verfällt!

Sie waren und wurden zu bequem.

Will der Mensch ein Zeuge Gottes sein, der einen abgebauten Körper hat? Nein, er zeugt erst da dann für Gott selbst, wenn er sich von allem Bösen befreit, und dass sein Körper vollständig in der göttlichen Ordnung lebt.

Es gibt für alles ein Reinigungsmittel. Sie können alles erhalten, und so hat Gott auch an uns selbst, an unseren Körper gedacht, den Er uns doch für dieses, für unser Erdenleben verliehen hat. Hier hat Er auch das Reinigungsmittel, wir müssen es nur anwenden.

Heilung ist eine Regelung. Jede Krankheit, die ihre Regelung findet, wird vom Regelungsschmerz beseitigt werden. Die Schmerzen kommen und gehen, bis die Heilung endgültig ist.

Das ist gerade das Wesentliche, der Schmerz muss abgezogen werden, dass die Heilung vollzogen werden kann. Die Organe müssen durchbluten, um wieder Kraft zu bekommen, um wieder gesund zu werden.

Sie können von einem Kindlein, das neugeboren wird, nicht gleich verlangen, dass es sich selbständig macht, dass es steht, geht und alles tut, was ein erwachsener Mensch macht. Es braucht alles seine Zeit, auch hier die Umwandlung in Ihrem Körper, was Sie jahrelang als Krankheit gehabt haben. Menschen denken, es muss gleich verschwinden.

Ich bitte Sie, jetzt nicht zu nörgeln, denn wer an seiner Heilung zweifelt, der zweifelt am Herrgott.

Sie behaupten sogar, das sei Ihre Krankheit. Ja, Freunde, von Ihrer Seite aus gesehen mag es richtig sein, aber von der wirklich wahren, göttlichen Seite aus gesehen ist es grundfalsch.

Werfen Sie Ihr Leid von sich!

Sie brauchen mir Ihre Leiden nicht aufzuzählen, ich sehe durch Sie hindurch und weiß alles von Ihnen.

Ich bin imstande, Menschen zu helfen, die mir nur einen Zettel, ohne Namen und Adresse hinlegen, auf dem sie um Heilung bitten.

Ich weiß auch, dass in diesem Augenblick viele Menschen in anderen Gegenden gesund geworden sind. Wer für einen kranken Angehörigen hier ist, kann getrost nach Hause gehen. Die Heilung geschieht auch ohne mein Beisein.

All denen, die für ihre erkrankten Angehörigen zu mir kamen, will ich sagen: Ich bin schon bei ihnen! Wenn Sie nach Hause kommen, werden Sie feststellen, dass der Kranke nicht mehr genau derselbe ist, als den Sie ihn verlassen haben.

Ist schon wahr, wie ein Arzt mal sagte – ich will Ihnen jetzt nicht sagen, aus welchem Land –, der aber zu seiner Schwester sagte: „Gib mir die Krankheit, die du in deinem Körper hast, ich kenne einen Menschen mit Namen Gröning. Ich bringe ihm das Übel, ich bringe ihm die Krankheit hin, und er gibt dir dafür deine Gesundheit zurück, das heißt, ich nehme sie in Empfang und bringe sie dir."

Menschen, die schon dem Tode verfallen waren, sind ihm entronnen. Genau wie ich es angesagt, so ist es eingetroffen.

Natürlich ist der Mensch immer wieder in größtes Staunen versetzt, indem er sich sagt: Wie ist das nur alles möglich?

Es wäre falsch, und es ist auch immer falsch gewesen, wenn Menschen ihr Köpfchen belasten mit Fragen, die sie an mich stellen wollten.

Wenn sich einer mit Fragen beschäftigt, das ist schlecht, dann unterbrechen Sie die Heilwelle.

Sie sollen erst mal sich selbst verstehen, damit Sie erst mal zur eigenen Erkenntnis kommen.

Ich habe all das nur getan, woran Menschen nicht mehr gedacht, wo Menschen schon für sich selbst keine Zeit mehr hatten, wo Menschen sich selbst in Vergessenheit gebracht.

Liebe Freunde, auch Ihr, wie auch mein Körper, ist einst klein gewesen, klein und rein. Und im Laufe der Jahre wurde er von Menschen geführt; wohl von den Eltern behütet, aber mittlerweile hat er doch das rein Menschliche, das Irdische, angenommen, indem er sich in den Glauben versetzte, er könnte hier bleiben.

Das Übel ist um uns und der Mensch kann es leicht, sehr leicht in sich aufnehmen, so er sich nur ein einziges Mal in Vergessenheit bringt, indem er wirklich noch auf Menschen hört, ob sie Erfahrung gesammelt haben oder nicht.

Wenn man klug ist, stellt man sich dumm. Lasst euch nicht mit Schmutzigem beeindrucken.

Da sind satanische Menschen gewesen, die sich vom Satan nicht mehr lösen können, auch da könnte ich Ihnen vieles erzählen, wie diese Menschen aussehen, wie sie sich regen und bewegen, und viele sind so verführerisch, ihnen sieht man es gar nicht an.

Es ist wichtig, dass man nichts Böses über den Menschen spricht, auch dann nicht, wenn er alles Böse in Anwendung bringt, alle Versuche angestellt hatte, um mich zu vernichten.

Lasst keinen bösen Gedanken aufkommen! Auch bei Menschen, die den bösen Weg einschlugen. Er wusste nur nichts mehr vom Guten, daher verfiel er dem Satanischen.

Meist sind es Menschen, die nicht wissen, was gut ist, die sich störend einschalten, aber wenn man diese Menschen belehrt, hält er Umkehr.

Was zur Klarstellung und Bereinigung sehr unangenehmer Dinge zu geschehen hat, muss getan werden.

Sie alle sollen Mensch zu Mensch sein, nicht gehässig, nicht falsch, niemandem etwas Schlechtes tun und nie neidisch sein.

Wenn Sie die Gegenwart beiseite stellen, das heißt, stellen Sie sich selbst beiseite.

Sich selbst, seinem Körper dienen, heißt Gott dienen.

Jeder kranke Mensch muss sich so setzen, dass sein Körper frei ist.

Die Beschwerden, die sich bisher im Körper gezeigt, waren ja das Zeichen dafür, dass der Körper allen Grund hatte, sich darüber zu beschweren, wenn er das nicht mehr besitzt, was zu seiner Bestimmung gehört.

Der Mensch, der energielos geworden, tut dies mit einem Wort ab, indem er sagt, er sei nervös. Er kann dadurch nicht mehr all das so erfassen, besser gesagt, er bringt durch die Nervosität, durch die Unruhe, nicht mehr das Verständnis für seine Umwelt auf und noch viel weniger für sich selbst.

Fast alle Menschen müssen einsehen lernen, dass sie den göttlichen Kräften gegenüber blind geworden sind. Daher mache ich alle meine Zuhörer auf die in uns wohnenden natürlichen Kräfte aufmerksam.

Vergleichen Sie sich zeit Ihres Lebens mit einer Batterie (...), indem Sie immer – auch immer – dafür Sorge tragen, dass Ihr Körper immer ein frischgeladener ist, der dann auch immer in der Lage ist und sein wird, diese Lebensenergie nicht nur für sich selbst zu verwerten, um lebens– und existenzfähig zu sein, sondern dass er wie eine Batterie auch die Energie anderen, das heißt all den nächsten unserer Mitmenschen geben kann, die einen Energiemangel aufzuweisen haben.

Es gibt heute zahlreiche Mediziner und andere Wissenschaftler, die wie ich zu der

Erkenntnis gekommen sind, dass es Kräfte gibt, die früher bekannt waren, unbekannt wurden und heute wieder nach und nach anerkannt werden müssen, weil sie einfach da sind.

1949 wurde mir schon gesagt: „Machen Sie weiter, Sie öffnen uns das Tor, auch wenn man auf sie loshackt." Die Medizin arbeitet heute schon anders, Ärzte schreiben heute schon nicht mehr bloß von Medizin, sondern von Gott.

Dieser Herr sagt, es ist schwer sich umzustellen. Klar, es ist etwas Neues, ich kann es verstehen, aber ich lasse nichts unversucht, und es wird mir auch nichts zu viel, wenn ich dem Menschen das mit auf den Weg gebe, vor allen Dingen, wenn ich weiß, dass er die Hilfe braucht.

Ich sende auch eine Heilwelle ohne direkte Verbindung zum Kranken, das heißt ohne dass ich weiß, wo der oder die Kranken sich befinden. Dies beweisen meine Fernheilungen.

Bemerken möchte ich zu all dem, dass die Heilwelle genau wie die Rundfunkwelle für jedes Menschenauge unsichtbar ist.

Ich habe es begrüßt, dass Ärzte den Weg zu mir gefunden haben. Es sind hier Menschen, die tatsächlich auf dem guten Weg stehen.

Ich habe nie daran gedacht, Krankheiten zu behandeln, sondern ich gebe die von mir gemachten Erfahrungen an meine Mitmenschen weiter, die sie dann für sich nutzbringend verwerten.

Ich behandle grundsätzlich keine Krankheit und will von Krankheiten auch nichts wissen. Keiner derjenigen, die mich aufsuchen, darf mir seine Krankheit schildern. Das werden alle bestätigen müssen, die bis heute den Weg zu mir gefunden haben.

Ich habe es nicht nötig, Menschen zu belügen, noch Menschen zu betrügen. Was ich nötig habe und immer für nötig halte, ist, den Menschen zu helfen.

Es ist traurig um jeden einzelnen Menschen bestellt. Er findet nicht mehr den Weg.

Sie müssen dabei sein, Sie müssen sich von allem Bösen lösen, Sie müssen empfangsbereit sein, dass Sie das empfangen können, dass da in Ihrem Körper die Ordnung wieder zustande kommt!

Menschen, nicht nur in der heutigen Zeit, sondern Jahrhunderte zurück, haben nie gewusst, nie richtig das befolgt, was sie zu befolgen hatten. Wie Menschen heute auch leben und wonach sie heute streben, das ist auch Ihnen klar, meine lieben Freunde.

Auch heute glauben Sie, dass das Wichtigste sei, nur ein irdisches Geschenk zu erhalten. Da muss ich fragen: Sind wir uns unseres Erdenlebens nicht bewusst? Wissen wir nicht, dass wir schon ein göttliches Geschenk erhalten haben? Wissen wir heute noch nicht, unseren Körper so zu schätzen und ihn voll und ganz auszunützen?

Aber ich frage mich immer wieder: Warum sind die Menschen nur so beschränkt? Warum beschränken sie sich nur auf die irdischen, auf die weltlichen Geschenke? Warum nur das alles? Warum sind die Menschen so? Brauchen wir nicht noch viel mehr?

Aber hier das irdische Geschenk, und hier das göttliche Geschenk. Und ich glaube doch mit Recht sagen zu können, nein, sagen zu müssen, dass dieses doch das Wichtigste ist.

Und jetzt kommt die große Frage: Warum sind Menschen diesen Weg nicht gegangen? (...) Es ist doch kein schwerer Weg. Sie selbst wissen´s auch: Wo der gute Wille, da ist auch der gute Weg. Aber dass wir ihn selbst gehen müssen, das müsste uns doch klar sein.

Und dass wir uns ein Wort geben, dass wir da auch zu diesem Wort stehen: „Ich löse mich von allem Bösen, ich will mit dem Bösen nichts gemein haben, ich werde dem Bösen nie mehr folgen. Ich werde dem nachgehen, dem ich nachzugehen habe."

Müssen wir uns da nicht freimachen? Müssen wir auch nicht da rein sein? Müssen wir uns nicht von allem Bösen lossagen? Und müssen wir nicht den einen guten Willen haben, das heißt den Willen Gottes in uns aufnehmen?

Warum ist der Mensch feige? Warum hört der Mensch auf Menschen? (...) Warum muss der Mensch immer menschenhörig sein? Warum ist der Mensch nicht gotthörig? Warum folgt der Mensch nicht?

Es ist alles da. Aber einmal im Leben vorbereitet, um auch wirklich die Reinheit, das rein Göttliche in Empfang zu nehmen! Das ist ein wundervolles Reinigungsmittel.

Es ist ein Fest, und genauso wie Sie einem anderen Fest beiwohnen wollen, dann bereiten Sie sich darauf vor. So alles in allem gesehen. Sie schmücken Ihren Körper, er muss ein gutes Gewand haben. Es ist ein Fest und ohne dieses ist es nichts; alles tun Sie schon richtig, das ist schon recht, aber wie sieht es in Ihrem Inneren aus?

So Sie auch heute hier einen Herzenswunsch haben, dass möglichst viele Ihrer Nächsten Hilfe erhalten, dass viele Ihrer Nächsten das Heil am eigenen Körper erfahren – so sage ich mit Recht: So Sie glauben!

Wir sollen jetzt nicht was, sondern das tun, was wir hier zu tun haben. Wir sollen die Ordnung wiederherstellen, wie Menschen hier durch die böse Führung die Unordnung hergestellt, dass die Unordnung angewachsen ist, in der sie sich nicht wohl fühlen, indem sie selbst von dieser schon behaftet waren.

Ich tue diese Brücke auf, die der Satan versperrt hat, und diese Brücke ist fertig, dass Sie darüber auf den göttlichen Weg kommen.

Tun Sie jetzt möglichst viel Gutes!

Ich wünsche Ihnen allen viel Liebes, viel Gutes, das Gott für alle Menschen bestimmt hat.

Ich wünsche Ihnen Gottes reichen Segen in Ihrem weiteren Leben! Nun, liebe Freunde: Liebet das Leben – Gott! Gott ist überall!

## SCHLUSSWORT

Nun glaube ich, mich so oft heute hier in Worten wiederholt zu haben, und immer wieder kann ich nur betonend sagen, es ist notwendig, Freunde. Ich sage es jahrein, jahraus, solange ich hier sein darf, bis der Mensch es erfasst hat, bis der Mensch das Gute beherzigt, bis der Mensch es in sich aufgenommen, bis der Mensch das befolgt, was er zu befolgen hat, und bis er dem folgt, dem wir alle über kurz oder lang doch folgen müssen.

Jetzt liegt es an jedem Menschen selbst, wie er dieses zu schätzen weiß. Er kann es behalten, er kann es auch verwerfen. Das liegt am Menschen selbst, und das überlasse ich Ihnen auch.

Bruno Gröning

## BUCHEMPFEHLUNGEN

Bruno Gröning

**Ich gebe Ihnen**

**eine kleine Lebensweisheit**

Thomas Eich (Hrsg.)

Band 1

ISBN 3-933344-48-4

Bruno Gröning

**Ich gebe Ihnen**

**eine kleine Lebensweisheit**

Thomas Eich (Hrsg.)

Band 2

ISBN 3-933344-49-2

Bruno Gröning

**Ich gebe Ihnen zu wissen**

Die Lehre Bruno Grönings

Thomas Eich (Hrsg.)

(lieferbar ab Frühjahr 2006)

**Hier ist die Wahrheit**
**an und um Bruno Gröning**
Grete Häusler
ISBN 3-9801302-0-7

Bruno Gröning
**Ich lebe, damit die Menschheit**
**wird weiterleben können**
Grete Häusler / Thomas Eich
ISBN 3-933344-39-5

**Das Wirken Bruno Grönings**
**zu seinen Lebzeiten und heute**
Thomas Eich
ISBN 3-927685-43-7

**Revolution in der Medizin**
Rehabilitation eines Verkannten
Matthias Kamp
ISBN 3-927685-20-8